La túnica de José

Contado por Heather Amery

Diseño: Maria Wheatley
Ilustraciones: Norman Young

Asesora lingüística: Betty Root
Directora de la colección: Jenny Tyler
Traducción: Clara Villanueva

Éste es José con su padre, Jacob.

José tenía once hermanos y Benjamín era el más pequeño. Vivieron en Canaán hace muchos años.

José era el favorito de Jacob.

Jacob regaló a José una túnica de colores. A sus hermanos les dio envidia, estaban celosos de José y le odiaban.

La túnica le sentaba muy bien a José.

Un hermano dijo: "Matémosle", pero otro hermano dijo: "No, vendámosle como esclavo".

Los hermanos mancharon de sangre la túnica.

La llevaron a casa. "Padre", dijeron, "ésta es la túnica de José". Jacob creyó que José había muerto.

Llevaron a José a Egipto para venderle.

"Yo le compro", dijo Putifar, capitán de la guardia real.
"Trabajará en mi casa".

La esposa de Putifar causó problemas a José.

"Es un maleducado", dijo. No era verdad, pero Putifar encerró a José en la cárcel.

El Rey tuvo un sueño extraño.

Soñó que siete vacas gordas salían del río Nilo y después
siete vacas flacas.

"¿Qué significa este sueño?", dijo el Rey.

Los sabios y los sacerdotes no lo sabían. Alguien dijo:
"José sabe interpretar los sueños".

"José, explica mi sueño", dijo el Rey.

"El sueño quiere decir que habrá siete años de buenas cosechas y siete años de hambre", dijo José.

El Rey puso a José a cargo de las cosechas.

Durante los siete años buenos, almacenó mucha comida.
Después llegaron los siete años de hambre.

Jacob envió a sus hijos a comprar comida.

José les reconoció. "Son mis hermanos", pensó, "pero ellos no saben quién soy yo".

Los hermanos se llevaron la comida a casa.

En el camino, la guardia real les detuvo. En un saco encontraron una copa de oro. José la había puesto allí.

La guardia real llevó a los hermanos frente a José.

"Podrán volver a casa", dijo José, "si dejan a Benjamín conmigo en Egipto".

"No, por favor. Nos quedaremos nosotros."

"Si Benjamín no vuelve, nuestro padre se morirá de pena", dijeron los hermanos.

15

José vio que sus hermanos habían cambiado.

"Soy José", dijo. "Mandaré traer a nuestro padre y todos viviremos felices en Egipto".